46
Lb 467.

DÉCLARATION
DU ROI DE FRANCE,

ADRESSÉE AU PEUPLE FRANÇAIS,

SUIVIE

DU MANIFESTE

DE FERDINAND VII, ROI D'ESPAGNE,

PUBLIÉ

A L'OCCASION DE LA GUERRE CONTRE BUONAPARTE,

AVEC DES OBSERVATIONS,

PAR M. REGNAULT DE WARIN.

PARIS,
PLANCHER, RUE SERPENTE, N° 14;
CHEZ LES MARCHANDS DE NOUVEAUTÉS.

22 JUIN 1815.

SOUS PRESSE

(Pour paraître incessamment).

Les TROIS DERNIERS MOIS DE LA VIE POLITIQUE DE L'EMPEREUR NAPOLÉON ; par M. REGNAULT DE WARIN. 1 vol.

Cet ouvrage, puisé aux sources les plus vraies, offrira des détails neufs et piquans sur

Le Retour de Napoléon en France ;
Les Décrets *dits* de Lyon (13 mars) ;
La Rentrée à Paris ;
La Dictature et les Commissions de haute Police ;
La Guerre civile du Midi et celle de l'Ouest ;
L'Acte additionnel ;
Le Champ-de-Mai ;
La Composition des Chambres ;
La *Campagne de Cinq jours*, les batailles de Fleurus et de Mont-Saint-Jean ;
Et l'Abdication.

AVERTISSEMENT.

Nous réimprimons textuellement et dans son entier l'intéressante Déclaration du Roi, que tous les journaux ont défigurée et mutilée. Le *journal de l'Empire* du 6 juin donna le premier l'exemple de ce procédé lâche et odieux, par lequel, avec l'air de la bonne foi et de la franchise on trompe les lecteurs, et sous l'apparence de prouver la liberté de la presse on démontre de plus en plus son esclavage. Le rédacteur de ce journal eut soin en effet d'ôter aux raisonnemens toute leur force, aux idées toute leur suite; de supprimer tout ce qui montrait le mieux les intentions généreuses et paternelles du Roi, tout ce qui dévoilait le plus clairement les crimes de l'usurpateur et les maux effroyables que lui seul attire sur la France. Il ne se contenta point de retrancher, il eut l'audace de changer les expressions en plusieurs endroits et de leur en substituer qui avaient un sens tout contraire. Nous ne parlons pas des insolentes et grossières réflexions dont il fit précéder cette pièce ainsi informe et mutilée. Leur absurdité surpassait encore leur insolence et leur grossièreté, puisqu'elles étaient démenties par la déclaration, même telle qu'on l'imprimait et toute défigurée qu'elle était.

Le *journal de Paris*, du 7 juin, en paraissant s'élever contre cette manière infidèle de rapporter une pièce importante et diplomatique, n'en a que mieux trompé ses lecteurs par cette apparente franchise. Il a à la vérité cité quelques fragmens de plus de la Déclaration du Roi; mais comme le *journal de l'Empire*, il a supprimé, changé, substitué, rompu le fil des raisonnemens, détruit la contexture de la pièce entière. Tels sont cependant les principes généreux et paternels qui ont dicté cette Déclaration, que malgré l'art perfide de ces journalistes elle a paru à tous leurs lecteurs, touchante, persuasive et pleine du plus vif intérêt. De même que dans les ouvrages mutilés d'un grand poète on reconnaît toujours, suivant Horace, les traces de son talent et de son génie.

Inveniet disjecti membra poetæ.

De même dans cette Déclaration défigurée on retrouvait encore les sentimens d'un bon Roi et d'un véritable père de ses peuples; mais ces sentimens ressortiront infiniment mieux dans la pièce entière et fidèlement conforme à l'original, telle que nous l'imprimons aujourd'hui.

Nous indiquerons par des guillemets ou des caractères italiques, tous les passages supprimés et tronqués par le *journal de l'Empire*.

Le manifeste du roi d'Espagne ayan

également subi des suppressions et des altérations dans le *journal de l'Empire* du 2 juin, nous le réimprimons à la suite de la Déclaration du Roi, en indiquant également par des guillemets les passages supprimés et tronqués.

Ces deux pièces ainsi rétablies donneront la mesure de la confiance que l'on doit avoir dans les journaux à la solde de l'usurpateur.

DÉCLARATION
DU ROI DE FRANCE,

ADRESSÉE A LA NATION FRANÇAISE.

Le Roi était impatient de parler à ses peuples : il lui tardait de leur témoigner tout ce qu'avaient fait éprouver à son cœur ces marques de fidélité, ces consolations inexprimables qui lui ont été prodiguées dans toutes les villes, dans tous les villages, sur toutes les routes qu'il a traversées, lorsqu'il cherchait un point de réunion pour les fidèles défenseurs de son Etat, lorsqu'il demandait, sans pouvoir le trouver, un rempart derrière lequel ils eussent le temps de s'armer avec lui contre une trahison trop noire, trop basse pour n'avoir pas été imprévue.

Mais, plus le roi se sentait profondément ému de la fidélité de cette immense population française, et plus il se disait à lui-même que son premier soin devait être d'empêcher que, parmi les nations étrangères, la France ne fût calomniée, déshonorée, exposée à un mépris injuste, à une indignation non méritée, peut-être même à des dangers et à un genre d'attaque qui auraient pu paraître un châtiment juste d'une déloyauté supposée.

« Ce premier soin est rempli. Il l'a été avec un
» succès digne de la sollicitude de S. M., du zèle de
» ses ministres, et de la magnanimité de ses alliés.

» Les ambassadeurs et envoyés du roi près des
» diverses cours européennes, ses représentans au
» congrès de Vienne ont, d'après les instructions
» directes de S. M., établi partout la vérité des
» faits, et prévenu jusqu'à leur exagération. »

Toutes les puissances de l'Europe savent aujourd'hui que le roi de France et la nation française, plus unis que jamais par tout ce qui peut resserrer les liens d'un bon roi et d'un bon peuple, ont été subitement trahis par une armée infidèle à son prince et à sa patrie, à l'honneur et à ses sermens; que cependant, parmi les premiers généraux de cette armée, ceux dont les noms en faisaient la gloire, ou se sont ralliés aux drapeaux du roi, ou du moins ont abandonné ceux de l'usurpateur; que des chefs de corps et des officiers de tout grade suivent journellement cet exemple; que même parmi cette multitude de soldats entraînés à une défection inconnue dans les fastes militaires, il en est un grand nombre que l'inexpérience a livrés à la séduction, que la réflexion a déjà ramenés au repentir, et dont l'égarement doit être mis tout entier à la charge de leurs corrupteurs.

L'Europe sait enfin qu'excepté cette portion

d'armée devenue indigne de sa gloire passée, et qui a cessé d'appartenir à la nation française; excepté une poignée de complices volontaires qu'ont fournis à l'usurpateur des ambitieux sans mérite, des gens sans aveu et des criminels sans remords, la nation française toute entière, les bons citoyens des villes, les bons habitans des campagnes, les corps et les individus, tous les sexes et tous les âges, ont suivi et rappelé le roi; tous leurs vœux ont empreint sur chacun de ses pas un nouvel hommage de reconnaissance et un nouveau serment de fidélité.

L'Europe sait que dans Paris, dans Beauvais, dans Abbeville, dans cette grande et glorieuse cité de Lille, dont la trahison occupait les portes et menaçait d'ensanglanter les murs, à la face et sous le glaive même des traîtres, tous les bras se sont étendus vers le Roi, tous les yeux lui ont offert le tribut de leurs larmes, toutes les voix lui ont crié : Revenez à nous; revenez délivrer vos sujets. L'Europe sait et continue d'apprendre que ces invocations n'ont pas cessé de se renouveler; que chaque jour elles arrivent au Roi non pas seulement de tous les points de cette frontière si éminemment loyale, mais de toutes les parties de son royaume les plus éloignées. Ainsi, les mêmes cris qui avaient retenti dans Lille se sont fait entendre dans Bordeaux où la fille de Louis XVI a laissé le souvenir puissant (joint à tant d'autres) de son courage héroïque. Ainsi les mêmes contrées qui ont vu la première défection, ont vu aussi la première réunion de braves restés fidèles se rallier au panache de Henri IV.

Un neveu du Roi, le gendre de Louis XVI, a marché à leur tête; sans compter leur nombre il a couru combattre la tyrannie et la rébellion; déjà plusieurs succès brillans lui en promettaient un qui eût été décisif; si des traîtres se sont encore trouvés là pour tromper son courage, le signal et l'exemple qu'il a donnés n'ont pas été perdus.

« On a vu qu'un héritier du trône ne craignait pas
» de mourir pour la défense de son pays: et les
» acclamations des peuples, le jour où il avait été
» vainqueur, leurs signes d'affliction où il a été
» trahi, ne sont pas seulement la consolation du
» présent, mais l'espoir de l'avenir.

» Eh! (qu'il soit permis au Roi de le dire, et
» d'adoucir au moins sa douleur, dans une si
» triste épreuve, par le témoignage que lui rend
» la pureté de sa conscience) comment les sen-
» timens dont tout son cœur est animé pour ses
» sujets ne lui eussent-ils pas assuré de leur part
» un pareil retour? Qui osera démentir le Roi,
» lorsqu'il jurera devant Dieu, devant son peuple,
» que depuis le jour où la Providence l'a replacé
» sur le trône de ses pères, l'objet constant de
» ses désirs, de ses pensées, de ses travaux, a
» été le bonheur de tous les Français, la res-

» tauration de son trône, le rétablissement de
» la paix extérieur et intérieur, celui de la
» religion, de la justice, des lois, des mœurs,
» du crédit, du commerce, des arts; l'invio-
» labilité de toutes les propriétés existantes,
» sans aucune exception; l'emploi de toutes
» les vertus et de tous les talens, sans autre
» distinction; la diminution présente des im-
» pôts les plus onéreux, en attendant leur pro-
» chaine suppression; enfin la fondation de la li-
» berté publique et individuelle, l'institution et la
» perpétuité d'une charte qui garantît pour jamais
» à la nation française ces biens inappréciables?
» Que, si dans des circonstances d'une telle
» difficulté, à la suite d'orages si violens et si
» longs, parmi tant de maux à réparer, tant de
» piéges à découvrir, et des intérêts si contraires
» à concilier, on n'a pas pu franchir tous les
» obstacles, échapper à toutes les surprises, se
» préserver même de toutes les fautes, le Roi
» pourrait encore se flatter de l'assentiment de
» toutes les bonnes consciences, s'il disait que sa
» plus grande erreur a été de celles qui ne sortent
» que du cœur des bons princes, et que ne com-
» mettent jamais les tyrans : c'est à leur pouvoir
» qu'ils ne veulent point de bornes; c'est à sa
» clémence que le Roi n'en a pas voulu. »

Aussi éclairées sur les vraies dispositions de la
France, d'autant plus fidèles à la noble tâche

qu'elles s'étaient imposée, le 13 mars dernier, mais d'autant plus averties de ne pas confondre la loyauté opprimée avec la perfidie triomphante, les puissances réunies au congrès de Vienne ont signé le 25 du même mois un nouveau traité, par lequel, avant tout, elles se sont engagées « à
» respecter religieusement l'intégrité du territoire
» et l'indépendance du caractère français; à ne
» se présenter que comme les amies, les libéra-
» trices, ou plutôt les auxiliaires de la nation
» française; à ne connaître d'ennemi que celui-
» là seul qu'elle ont déclaré l'ennemi du monde,
» qu'elles ont placé hors des relations civiles et
» sociales, et livré à la vindicte publique; enfin,
» à ne poser les armes qu'après l'irrévocable des-
» truction de son pouvoir malfaisant, après la
» dispersion des factieux et des traîtres, qui, se
» plaçant par une irruption soudaine entre un
» souverain légitime et des sujets loyaux, ont
» arraché le Roi d'avec son peuple, et le peuple
» d'avec son Roi, pour le malheur de la France
» et du monde. »

Les puissances réunies en congrès ont fait plus encore. Certes, leur caractère et leur magnanimité connus et admirés de tout l'univers, n'eussent pas permis de concevoir un garant plus sacré de leur parole que leur parole même, et cependant elles ont cru qu'à ce garant il fallait encore en ajouter un autre; qu'elles ne pou-

vaient jamais ni assez tranquilliser le Roi sur la destinée de ses peuples, ni trop honorer la loyauté française dans la douleur qui l'accable et dans l'inactivité désespérante à laquelle on l'a réduite. « Les puissances ont arrêté que l'acces-
» sion du Roi serait demandée particulièrement
» pour le nouveau pacte qu'elles venaient de
» conclure. Leurs ambassadeurs sont venus ap-
» porter toutes ces communications à Sa Majesté;
» ils lui ont présenté les nouvelles lettres de
» créance de leurs souverains respectifs pour
» résider partout auprès du seul souverain légi-
» time de la France; et leurs pouvoirs reconnus,
» ils ont offert le nouveau traité des puissances
» à la délibération et à la signature du Roi.

» Français, le Roi a délibéré et il a signé.

» Dans ce mot seul est votre sécurité toute
» entière.

« Vous en êtes bien sûrs, Français, votre Roi
» n'a pu rien signer qui fût contre vous; votre
» Roi ne cessera jamais de veiller sur vous et
» pour vous : vous l'avez lu dans tous ses actes
» publics; vous l'avez entendu au milieu de vos
» représentans, de vos municipaux, de vos gardes
» nationales; vous savez qu'il n'a pas tenu à lui
» d'éloigner cette dure nécessité de reconquérir
» vos droits. » Il vous sacrifierait aujourd'hui les siens, que son sacrifice, au lieu de vous assurer la paix, vous laisserait exposés à une guerre plus

terrible : une invasion étrangère prendrait la place d'un appui étranger. L'Europe a résolu la destruction d'un pouvoir incompatible avec la société européenne. Eh! comment, dans un tel conflit, des étrangers livrés à eux-mêmes, distingueraient-ils parmi vous les victimes de la tyrannie d'avec ses complices? comment la nation, dont l'usurpateur forcerait toutes les facultés à le servir, ne paraîtrait-elle pas à ceux qui la combattraient une nation entièrement et uniquement ennemie? Victorieuse ou vaincue, que deviendrait la *malheureuse* France?

Mais que la France le veuille, et la France n'a plus que des amis dans une ligue où son Roi est prié d'intervenir et intervient. *La nécessité qu'il n'a pu conjurer, il est sûr au moins de l'adoucir, lorsqu'il est là pour rallier sa nation autour de lui, pour détourner d'elle des coups qui ne doivent frapper que leurs communs oppresseurs; pour observer, avertir, contenir, arrêter; pour garder non seulement vos propriétés publiques et individuelles,* « mais encore votre
» dignité nationale, dont il est aussi jaloux que
» vous l'êtes sûrement vous-mêmes de sa majesté
» royale. L'une et l'autre restent et resteront
» intactes. Les Français gardent leur place parmi
» les nations, comme le Roi de France garde la
» sienne parmi les potentats. Avec la restauration
» de l'antique monarchie française, une ère nou-

» velle s'est annoncée l'année dernière à toute
» l'Europe. Tous les souverains, par leurs con-
» ventions, se sont garantis le repos et la liberté
» de leurs peuples, comme par leurs vœux tous
» les peuples se sont garantis la légitimité et le
» maintien du pouvoir de leur chef. On s'est uni
» pour la paix, on s'est ligué pour l'ordre, et
» dans cette ligue *bienfaisante*, ainsi que le con-
» grès l'a justement appelée, tous les États sont
» en même temps protecteurs et protégés, ga-
» rantis et garans. »

Cependant c'est le Monarque et le peuple français qui les premiers ont besoin d'être secourus; c'est au monarque et au peuple français, une fois réunis par la présence de leurs alliés, à se secourir eux-mêmes de manière à n'avoir pas, s'il est possible, d'autre assistance à leur demander. Que ces dispositions générales de la nation fidèle, favorisées désormais par des amis au lieu d'être entravées par des traîtres, soient mises partout en action; que l'armée française régénérée reprenne l'éclat qui appartient à son nom; que toutes les gardes nationales, délivrées des pièges de la perfidie, et rendues à l'élan de leurs cœurs, hâtent le rétablissement de l'ordre politique et civil dans tout le royaume; qu'on se dise enfin et qu'on se répète sans cesse que plus les Français feront pour sauver la patrie, moins ils laisseront à faire aux étrangers;

que plus les Français pacifieront, moins leurs auxiliaires auront à soumettre ; et surtout qu'une fois la rébellion soumise, une fois l'usurpateur détruit, aucun pouvoir étranger ne se placera entre le prince légitime et le peuple fidèle, pour s'immiscer dans aucune des institutions politiques, dont la proposition, la délibération et la décision n'appartiennent qu'*à eux seuls.*

Français, le Roi, qui a toujours été près de vous, sera bientôt avec vous. « Sa Majesté, le
» jour où elle posera le pied sur son territoire
» et le vôtre, vous fera connaître en détail ses
» intentions salutaires et toutes ses dispositions
» d'ordre, de justice et de sagesse. Vous verrez
» que le temps de sa retraite n'a pas été un
» temps perdu pour vos intérêts », et que le roi a régné par les soins de sa prévoyance, lors même qu'il ne régnait pas par l'exercice de son autorité.

« Aujourd'hui, Sa Majesté n'a voulu qu'an-
» noncer aux bons Français ce qui devait satis-
» faire leur honneur, calmer leur inquiétude,
» payer leur amour et seconder leur zèle ; c'est
» déjà sans doute avoir rempli un grand but.

» Sa Majesté a pensé aussi que cette commu-
» nication adressée à ses fidèles sujets parvien-
» drait à ceux qui sont encore rebelles, et pour-
» rait, en les éclairant sur leurs dangers, comme
» en les détrompant de leurs erreurs, en ra-

» mener beaucoup à leur devoir. » Le Roi a trop pardonné peut-être, et cependant il est aussi impossible à Louis XVIII de ne pas faire grâce que de ne pas faire justice. Que l'innocence elle-même accueille donc encore le repentir; que la fidélité persuade et ramène; que les bons ouvrent leurs rangs à tous ceux qui peuvent être dignes d'y rentrer; et d'un autre côté, que les complices du grand coupable profitent du temps qui reste au repentir pour avoir quelque chose de méritoire; *que les victimes de la nécessité soient sûres qu'elle ne leur sera pas imputée;* que tout le monde sache et reconnaisse qu'il est des temps où la persévérance du crime en est le seul caractère irrémissible.

Français, que Louis XVIII vient de réconcilier une seconde fois avec l'Europe; habitans de ces bonnes villes, dont les vœux touchans arrivent chaque jour au Roi, et l'encouragent à les remplir; Parisiens, qui pâlissez aujourd'hui à la vue de ce même palais, dont les murs seuls répandaient naguère la sérénité sur vos visages; « qui tous les matins, pendant une année, êtes » venus y saluer Louis XVIII du nom de père, » non pas avec une voix dominée par la terreur » ou vendue au mensonge, mais avec le cri de » vos cœurs et de vos consciences; gardes na- » tionales qui, le 12 mars, lui juriez avec tant » d'ardeur de vivre et de mourir pour lui et

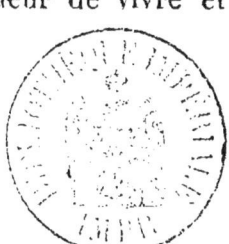

» pour la constitution, vous qui l'avez gardé » dans vos cœurs »; vous qui l'eussiez vu dans vos rangs, si la trahison eût permis à ces rangs de se former, et s'ils n'eussent pas été désunis par ceux qui veulent les souiller aujourd'hui, préparez-vous tous pour le jour où la voix de votre prince et celle de votre patrie vous appelleront au devoir d'aider l'un à sauver l'autre.

Méfiez-vous cependant et des piéges qu'on veut vous tendre et des rôles qu'on voudrait vous assigner dans la parodie de ces assemblées qui jadis attestèrent la liberté sauvage de vos ancêtres, mais dont le spectacle dérisoire n'a pour but aujourd'hui que de vous rendre la proie du plus vil ou du plus odieux esclavage, entre le despotisme anarchique et la tyrannie militaire. Sans doute si c'était une chose possible que les élections fussent nationales, les scrutateurs fidèles, les voix libres, le nouveau *Champ-de-Mai* ferait disparaître l'illégalité de son principe dans la loyauté de son vœu. Son premier cri serait une nouvelle consécration de cette alliance, jurée il y a neuf siècles, entre la nation des Francs et la maison royale de France, perpétuée pendant neuf siècles entre la postérité de ces Francs et la postérité de leurs rois : la vraie nation française ne voudra jamais ni parjurer ses ancêtres, ni se parjurer elle-même; mais l'*usurpateur* a déjà écarté les nationaux en appelant ses satellites. Il a déjà

compté les votes, quand aucun vote n'est encore émis, « eh! que pourriez-vous attendre de celui
» ou de ceux qui ont ensanglanté et souillé tout
» ce qu'ils ont touché; qui ont su faire un objet
» de dérision et d'horreur de tout ce qui doit
» être un objet de vénération et d'amour; qui
» auraient flétri, s'il était possible, jusqu'aux
» noms de patrie, de liberté, de constitution,
» de lois, d'honneur et de vertu. Français, n'a-
» vez-vous donc pas désormais votre *Grande*
» *Charte* qui a réhabilité tous ces noms sacrés,
» et les a remis en possession du respect qui leur
» appartient? N'avez-vous pas enfin une consti-
» tution? Pure dans son principe, elle a été ré-
» glée entre votre Roi et vos représentans;
» douce dans son exécution, l'expérience d'une
» session entière vous l'a prouvé; portant en
» elle-même le germe de toutes ses améliora-
» tions, il n'en est pas une qui ne puisse créer à
» l'instant l'autorité royale avec l'assentiment des
» deux chambres, pas une qui ne puisse être
» proposée par vos représentans, provoquée par
» vos pétitions.

« Croyez que là est le fondement le plus so-
» lide, le seul garant sûr de la prérogative, des
» priviléges et des droits de tous.

« Croyez surtout que, par son droit, son titre
» et son cœur, votre Roi est et sera toujours votre
» meilleur ami, votre plus constant, votre plus

» loyal ami. Unissez vos vœux aux siens, en at-
» tendant que vous puissiez agir de concert; et
» cette Providence à laquelle il rend compte de
» l'accomplissement de ses devoirs envers elle et
» envers vous, cette Providence qui a reçu ses
» sermens et les vôtres, priez-la, en commun avec
» lui, de bénir sa juste entreprise et vos nobles
» efforts. »

Délibéré au conseil d'état du Roi, présidé par Sa Majesté, sur le rapport du sieur comte de Lally-Tolendal.

A Gand, le 24 avril 1815.

MANIFESTE.

De la justice, de l'importance et de la nécessité que trouve LE ROI, NOTRE SEIGNEUR, pour s'opposer à l'agression de l'usurpateur Buonaparte, procurer le repos et la tranquillité à l'Europe, et protéger les droits de l'humanité et de la religion, de concert avec les Souverains qui ont donné à Vienne la déclaration du 13 mars de cette année.

LE ROI.

Un des meilleurs Roi qu'ait eus la France, Louis XVI, fut victime de cruels régicides : ce crime fut l'épouvante et la terreur du monde, et le désespoir de la France, qui vit avec une profonde douleur interrompre la suite des souverains de la dynastie des Bourbons; de ces Rois qui ont mérité le surnom de Justes, de Pieux, de Grands et de Bien-Aimés, et qui toujours ont été les pères de leurs sujets, qui ont toujours servi et fait servir Dieu; maintenu dans leur royaume la justice, la paix et la tranquillité qui font le bonheur des Etats, et doivent toujours être le but de tout gouvernement; de ces souverains qui ont toujours senti la responsabilité de l'amour et de la confiance de leurs sujets, et qui cherchant leur gloire dans la prospérité de leurs Etats, élevèrent la France, du second rang qu'elle tenait parmi les puissances, à être dominante en Europe. La hache fatale trancha les jours de l'infortuné Louis XVI; ses vertus royales abandonnèrent la France; et cherchèrent un asile dans l'âme de Louis XVIII. Depuis ce jour affreux ce royaume devint le théâtre sanglant de l'anarchie et de toutes les factions; elles se réunirent enfin pour créer la tyrannie de Buonaparte, et concentrer dans ses mains l'autorité arbitraire qu'elles s'étaient jusque-là disputée.

Par les secours de la séduction, de la supercherie et de la force, cet enfant de tous les partis fut proclamé Empereur par le peuple français; et favorisé par les hasards de la guerre, il parvint à se faire connaître par les souverains de différens Etats de l'Europe, qui n'avaient pas le pouvoir d'altérer les principes éternels de justice, mais ne pouvaient pas non plus en les soutenant jusqu'à l'extrémité compromettre l'indépendance de leurs Etats et l'existence de leurs sujets, premier devoir des gouvernans. L'Espagne a enseigné à toutes les nations à se délivrer du perturbateur du monde, et depuis à éteindre les divisions, à réunir toutes ses forces contre l'ennemi commun, à former la plus juste des alliances pour rendre à la

France son légitime et bien-aimé souverain, et chasser du trône le sacrilége usurpateur. Cet homme aussi fécond en expédiens que peu scrupuleux sur leur choix, accoutumé à décorer du nom de traité le résultat de la fraude et de la violence, crut dissiper l'orage qui le menaçait en traitant avec moi à Valençay; et il n'obtint que l'humiliation de n'avoir pas réussi. Le perfide croyait pouvoir me tromper deux fois, ou que j'étais capable de vouloir acheter ma liberté au prix de celle de mes peuples et de la tranquillité de l'Europe. Le ciel devait favoriser l'entreprise des souverains alliés, parce qu'elle était réclamée par la morale, la religion et l'humanité. La bonne cause triompha, et toutes les nations respirèrent pour la première fois depuis long-temps, quand elles virent consacrer leurs droits respectifs dans le traité de Paris. Et voilà les titres sur lesquels Buonaparte et la partie démoralisée de la nation appuient ses droits à la couronne, et ses prétentions à la ressaisir, tandis que la partie saine de cette même nation est dans les larmes et le désespoir, et ne forme qu'un vœu, celui de vivre sous l'autorité du juste et clément Louis XVIII.

Lorsque la fidélité et la valeur des Espagnols et l'aide des puissances rompirent les chaînes qui me retenaient à Valençay, je sortis de ce lieu pour venir au milieu de mes sujets, comme un père au milieu de ses enfans. Au plaisir de me retrouver parmi vous, Espagnols, se joignait le projet et la douce espérance de réparer par une longue paix les ravages de la guerre la plus déplorable et la plus sanglante qui ait jamais existé. Je n'étais troublé que par la difficulté de l'entreprise : la guerre avait dépeuplé les provinces, changé en friches stériles les terres les plus fertiles, détruit le commerce, étouffé les arts, corrompu les coutumes, altéré la religion et ôté aux lois leur vigueur. Combien de graves sujets pour fixer l'attention d'un souverain qui ne veut pas vivre pour lui seul, mais pour travailler à assurer la prospérité des peuples que la divine Providence a confiés à ses soins. Il faut bien peu de temps pour détruire l'ouvrage de plusieurs siècles, mais il en faut beaucoup pour recréer. J'espérais pourtant surmonter toutes ces difficultés avec de la constance, une paix durable, et la vigilance d'un gouvernement paternel que protège le ciel; mais il a permis dans ses hauts et inexplicables décrets que Buonaparte revînt troubler l'Europe, et se déclarer son ennemi en foulant aux pieds le traité de Paris.

Le bien et les avantages de la France et les garanties de la tranquillité générale furent l'objet des transactions de ce traité; elles remirent sur son trône la dynastie dépossédée, y replacèrent le juste, le désiré, le conciliant et pacifique Louis XVIII, et délivrèrent le monde d'un conquérant qui, ne connaissant que la gloire de la guerre, ruinait la France pour apporter la désolation aux puissances qu'il voulait subjuguer.

La guerre provoquée par l'agression de Buonaparte est donc justifiée, non seulement par l'obligation où est tout souverain d'être fidèle à ses traités et à ses alliances, mais aussi par les devoirs sacrés que lui impose la sûreté de ses peuples.

La guerre est une grande calamité; et un souverain ne doit l'entreprendre que pour éviter à son peuple de plus grands maux. C'est la position où nous sommes, Espagnols. Buonaparte, après avoir attaqué la France et son légitime Souverain, et avoir rompu le traité qu'il avait consenti, prétend qu'il n'a offensé aucune nation, qu'il a recouvré ses droits légitimes, que les souverains ne peuvent les lui contester, et qu'il veut vivre en paix avec tous..... « Ce n'est pas la paix que veut
» l'usurpateur ; mais il veut se voir débarrassé
» d'inquiétudes au-dehors, pour employer la par-
» tie armée de la nation française à opprimer et
» réduire la partie la plus nombreuse et la mieux
» pensante, mais aussi celle qui est sans armes.
» Cet homme ose, pour mettre le comble à l'im-
» pudence, essayer de faire croire qu'il va travail-
» ler à la paix et au bonheur de l'Europe, comme
» si l'Europe pouvait oublier que depuis qu'il a
» pris les rênes du gouvernement, des guerres
» terribles se sont succédées, et que les sources

» de la prospérité publique se sont taries dans
» tous les pays soumis à son influence. Quel
» est l'individu assez absurde pour croire que
» Buonaparte puisse se défaire des principes per-
» fides qui ont toujours été la base de sa conduite?

» L'Espagne n'a besoin d'aucunes leçons; elle
» en trouve assez dans sa funeste expérience; elle
» a été victime de deux sortes de guerres que lui
» a faites Buonaparte. Jusqu'en 1808 il la fit à sa
» dignité, à ses trésors, aux escadres et aux ar-
» mées espagnoles en les faisant servir à ses cou-
» pables desseins; et il osait appeler amitié cette
» alliance exterminatrice! Ce fut cette même an-
» née que, pour prouver au monde qu'il était
» impossible de se fier à ses promesses, il mit en
» jeu à Baïonne ses intrigues et ses machinations
» si connues maintenant. Ensuite, pour soutenir
» l'œuvre la plus atroce de la perfidie et de la
» violence, il répandit la désolation et la dévas-
» tation dans toutes les provinces de l'Espagne,
» la traitant comme une propriété dont il pou-
» vais disposer à son gré..... Buonaparte ne s'est
» pas démenti : il a signalé son retour en sacri-
» fiant à sa vanité le Souverain légitime et adoré
» de la France; et la liberté de cette puissance,
» en se mettant à la tête d'une classe de gens in-
» téressés à continuer la désolation de l'humanité.
» Buonaparte, de la capitale de la France, dit à
» tous les Souverains : Vous avez transigé dans les

» paix précédentes avec vos intérêts les plus pré-
» cieux, et vos devoirs les plus sacrés pour ache-
» ter la tranquillité de vos peuples ; contre votre
» conscience vous avez reconnu mes droits usur-
» pés, et vous m'avez permis de siéger parmi
» vous. Je me suis ri de vous, et n'ai tenu ces trai-
» tés qu'autant qu'ils m'ont convenu, et vos sacri-
» fices n'ont servi qu'à nourrir et fortifier mon
» ambition et ma vanité, et maintenant, si je le
» puis, je sacrifierai le genre humain à mon élé-
» vation. »

Dans ces circonstances, personne ne peut hésiter dans le choix d'un parti : toute l'Europe a pris le plus sûr, le plus avantageux et le plus honorable ; la méfiance a disparu entre les puissances, et le danger commun a associé leurs intérêts : la Prusse ne restera plus passive spectatrice des revers de l'Autriche ; l'Autriche ne regardera plus avec indifférence la ruine de la Prusse ; la Russie ne permettra plus que le midi de l'Europe soit partagé en lots pour former des royaumes à des esclaves couronnés ; l'Angleterre persistera à ne point compter parmi les souverains l'audacieux aventurier, qui osa prétendre à dicter des lois sur les mers, quand tous les vaisseaux de la France étaient enchaînés dans ses ports ; « enfin les sou-
» verains, bien persuadés que la générosité est le
» moyen le plus sûr de ramener certaines âmes,
» n'écouteront plus que la justice et le bonheur

» général, qui doivent être la loi suprême des » gouvernemens. » Cette loi vous ordonne la guerre, Espagnols ; elle est légitime et juste cette guerre, parce qu'elle est faite pour le bonheur des peuples et le maintien des souverains nommés par la Providence et par les lois fondamentales des états ; elle est prudente, parce que les mesures que les puissances alliées ont prises pour reconquérir la paix de l'Europe, sont d'accord avec la gravité et l'importance de l'entreprise ; et surtout elle est nécessaire pour que les corps de la nation et les individus obéissent à la loi de la conservation et se réunissent contre le perturbateur de la tranquillité publique.

Ce ne sont pas les seuls motifs que vous ayez pour lui faire la guerre, Espagnols ; vous en avez de bien plus puissans encore : ne devez-vous pas punir l'homme qui a formé le plan impie de détruire le christianisme, qu'il nommait, dans ses instructions secrètes à Cervelloni, *le résultat des préjugés et de l'erreur?*..... C'est Buonaparte qui, non content d'être la source de tous les maux, voulait que l'on souffrît sans appui, sans consolation, sans espérance d'une meilleure vie, sans les secours enfin d'une religion bienfaisante. Ils ne conviennent pas à Napoléon les principes qui condamnent le droit du plus fort, le seul qu'il reconnaisse. Celui qui ordonne la justice et l'équité ne peut plaire à l'usurpateur des trônes, à l'homme qui prétend que les noms de justes et de vertueux appartiennent exclusivement aux conquérans.

La justice, la prudence, la nécessité de la défense et la religion ordonnent cette guerre, pour délivrer la France du joug sous lequel elle gémit et pour conquérir le repos et la tranquillité du monde. Les conseils de l'ambition n'ont eu aucune influence dans un tribunal aussi auguste. La France ne sera point démembrée; elle conservera ses provinces et ses places; ses limites seront religieusement respectées; et pour que les armées auxiliaires n'y mettent point le pied, la France n'a besoin que de refléchir à l'outrage fait à sa dignité nationale, et qui la rend le jouet des factions; qu'elle se répète qu'une nation est esclave du moment qu'elle perd les Rois nommés par ses lois fondamentales, « et que si elle voyait avec une » apathique indifférence un Roi, père de ses » peuples, remplacé par un monstre nourri de » sang humain, elle se couvrirait d'une honte » ineffaçable. »

Je connais mes droits : je sais que je puis faire et déclarer la guerre. Je suis certain que mes sujets se reposent dans la confiance qu'un Roi qui a fondé son bonheur sur celui de son peuple, ne peut entreprendre la guerre sans une véritable peine. Mais j'ai voulu m'appuyer de la force de la conviction, pour paraître juste aux yeux des nations, pour animer la valeur de mes troupes, stimuler la générosité des souverains, et pour que la guerre étant sanctifiée, tous espèrent dans le secours de celui qui accorde les victoires.

De mon palais royal de Madrid, le 2 de mai 1815.

Signé FERDINAND.

Et plus bas, Pédro Cevallos.

COURTES OBSERVATIONS.

SUR LA DÉCLARATION DU ROI DE FRANCE.

Celui qui, sous tous les régimes, s'est attaché aux principes qui restent, en oubliant les hommes qui passent, a quelques droits de parler, quand, pour satisfaire des passions secrètes, la vérité s'éclipse sous le nuage des erreurs. Si j'avais l'honneur de parler au comte de Lille, je lui dirais : On use, pour vous tromper dans vos jugemens et vous égarer dans votre conduite, de l'ascendant que donnent le talent et la confiance.

1° Non, l'armée ne vous a point trahi, car jamais vous ne reçûtes ses sermens : ils furent mille fois prodigués au capitaine qui lui promettait la liberté en la conduisant à la victoire.

2° Votre personne est révérée, votre esprit fut aimé ; et si votre caractère n'a pas réuni plus de suffrages, c'est que la marche de votre ministère fut presque toujours opposée à votre langage.

3° Pourquoi, après avoir juré de demeurer, avez-vous fui ? Les Français aiment la bravoure dans leur prince, et ils en exigent de la franchise.

4° Non-seulement vous avez souffert qu'on inquiétât les *libéraux*, mais vous avez peu fait en faveur des arts et des lettres; je dirais même que votre ministère s'essayait insensiblement à engourdir la machine de l'administration, si rapide, si imposante, si productive depuis quinze ans.

5° Vos nouveaux ministres, plus sincères que les précédens, font le noble aveu de beaucoup de fautes; et s'ils aiment véritablement la liberté et leur patrie nous serons bientôt d'accord.

6° Si, pour rappeler du ciel la paix que nos torts réciproques y ont renvoyée, il ne faut qu'un grand sacrifice, ce sacrifice se fera: mais sachez en faire un, non moins sublime peut-être, et dont l'effet déterminera l'avenir; que la terre sacrée de la France ne soit pas rougie du sang français versé par vos libérateur! Précipitez dans un abîme d'oubli vingt-cinq ans d'une révolution, à laquelle vous avez coopéré par votre doctrine et par votre exemple! Consacrez par la pratique les principes dont vous professez la théorie, et n'oubliez pas qu'au dix-neuvième siècle, si les rois veulent continuer à se montrer tuteurs gothiques, les peuples s'émanciperont. C'est en les respectant, c'est en leur garantissant l'honneur et le bonheur, que les princes s'assureront une longue existence, et prouveront leur légitimité. (*Extrait de la Réponse à la Déclaration du* ROI, *par M. Regnault de Warin* (1).

---

(1) M. REGNAULT DE WARIN est l'auteur du *Cimetière de la Madeleine*, de *l'Homme au Masque de Fer*, des *Loisirs littéraires*, des *Etudes encyclopédiques*, etc., etc., et plus récemment, de la *Réfutation du Rapport fait au Roi*, par M. de Châteaubriand.

DE L'IMPRIMERIE DE MADAME VEUVE JEUNEHOMME,
rue Hautefeuille, n°. 20.

www.ingramcontent.com/pod-product-compliance
Lightning Source LLC
Chambersburg PA
CBHW060907050426
42453CB00010B/1592